COMMERCE

DE LA CÔTE OCCIDENTALE DE L'AMÉRIQUE DU SUD.

STATISTIQUE COMMERCIALE

DU CHILI, DE LA BOLIVIE, DU PÉROU, DE L'ÉQUATEUR, DE LA NOUVELLE-GRENADE, DE L'AMÉRIQUE CENTRALE ET DU MEXIQUE.

IMPORTATIONS ET EXPORTATIONS

PAR LES PORTS SITUÉS DANS L'OCÉAN PACIFIQUE.

INDUSTRIE AGRICOLE ET MINIÈRE

DU CHILI, DE LA BOLIVIE ET DU PÉROU;

PAR

M. H. BOSCH SPENCER,

CHARGÉ D'AFFAIRES, CONSUL GÉNÉRAL ET PLÉNIPOTENTIAIRE DE S. M. LE ROI DES BELGES
PRÈS LES RÉPUBLIQUES DU CHILI,
DE LA BOLIVIE, DU PÉROU, DE L'ÉQUATEUR, ETC., ETC.

Dédié au Roi.

INTRODUCTION ET TABLE.

BRUXELLES,

IMPRIMERIE ET LITHOGRAPHIE DE D. RAES,

RUE DE LA FOURCHE, 36.

1848.

STATISTIQUE COMMERCIALE

DE LA COTE OCCIDENTALE DE L'AMÉRIQUE DU SUD.

COMMERCE

DE LA COTE OCCIDENTALE DE L'AMÉRIQUE DU SUD.

STATISTIQUE COMMERCIALE

DU CHILI, DE LA BOLIVIE, DU PÉROU, DE L'ÉQUATEUR, DE LA NOUVELLE-GRENADE, DE L'AMÉRIQUE CENTRALE ET DU MEXIQUE.

IMPORTATIONS ET EXPORTATIONS

PAR LES PORTS SITUÉS DANS L'OCÉAN PACIFIQUE.

INDUSTRIE AGRICOLE ET MINIÈRE

DU CHILI, DE LA BOLIVIE ET DU PÉROU;

PAR

M. H. BOSCH SPENCER,

CHARGÉ D'AFFAIRES, CONSUL GÉNÉRAL ET PLÉNIPOTENTIAIRE DE S. M. LE ROI DES BELGES
PRÈS LES RÉPUBLIQUES DU CHILI,
DE LA BOLIVIE, DU PÉROU, DE L'ÉQUATEUR, ETC., ETC.

Dédié au Roi.

BRUXELLES,

IMPRIMERIE ET LITHOGRAPHIE DE D. RAES,

RUE DE LA FOURCHE, 36.

1848.

AU ROI.

Sire,

En daignant m'autoriser à faire paraître, sous ses bienveillants auspices, un ouvrage qui a pour but de constater l'importance des nombreux débouchés ouverts aux produits de l'activité laborieuse de la Belgique, Votre Majesté a donné une nouvelle preuve du constant intérêt qu'Elle porte au développement du commerce et de l'industrie du noble pays dont les destinées lui sont si heureusement confiées.

J'apprécie, comme je le dois, la haute et précieuse faveur dont Votre Majesté a bien voulu m'honorer, et dépose à ses pieds l'hommage de ma gratitude et du profond respect avec lequel je suis,

Sire,

de Votre Majesté

Le très-humble, très-dévoué et très-loyal serviteur,

H. BOSCH SPENCER.

I.

INTRODUCTION.

La mission que le gouvernement du Roi me confia, en 1838, ayant eu pour but l'organisation des consulats sur la côte occidentale de l'Amérique du sud, l'établissement de relations avec les diverses républiques et la recherche de nouveaux marchés pour l'exportation de nos produits vers ces contrées, je crus, en me rendant dans l'autre hémisphère, que l'on avait enfin compris les besoins impérieux de notre commerce et de notre industrie, ainsi que la nécessité de réunir tous les efforts pour réparer, autant que possible, le temps perdu depuis 1830. Pour que ma mission eût une utilité égale à son importance, je m'empressai de visiter les principaux établissements industriels en Belgique, afin de posséder une connaissance parfaite de leurs produits et des prix de revient de chacun d'eux. En même temps, je crus devoir informer nos industriels de mon prochain départ pour l'Amérique; et plusieurs, répondant à la demande que je leur avais faite, m'adressèrent des échantillons de leurs fabricats, afin de me mettre à même, après mon arrivée sur les marchés étrangers, de comparer nos produits avec ceux des autres nations.

Comme l'Angleterre et la France étaient déjà en possession, à cette époque, des quatre sixièmes du commerce de l'Amérique du sud, je visitai successivement Londres, Liverpool, Manchester, Paris, Bordeaux et le Havre, pour obtenir tous les renseignements nécessaires sur le commerce de ces diverses places avec les républiques où je devais me rendre. Dans ces localités, je parvins, non sans peine, à réunir un nombre considérable d'échantillons de toute nature, ainsi que les prix, les modèles et les dessins de tous les articles que l'Angleterre et la France fournissent à l'Amérique du sud. Ayant ainsi rassemblé tout ce qui m'était indispensable pour rendre ma mission véritablement utile, je fis voile pour l'Amérique. A mon arrivée au Brésil, ma santé très-délabrée me mit dans la nécessité de m'y arrêter, et je me vis forcé d'y séjourner pendant quelques mois avant de pouvoir reprendre la mer et songer à affronter un long et pénible voyage. Désireux d'utiliser mon séjour au Brésil, je ne tardai pas, dans l'intérêt de nos relations avec ce pays, à examiner la situation de notre commerce à Rio de Janeiro et à rechercher les causes qui l'empêchaient de s'étendre. La valeur des produits belges qui s'exportaient à cette époque pour le Brésil, n'était que d'un million de francs environ, tandis que le Brésil nous fournissait pour une valeur de quinze millions de ses produits. Cette disproportion, si frappante entre les échanges des deux pays et surtout si contraire à nos intérêts, me détermina à examiner sérieusement les causes de ce fâcheux état de choses et à essayer d'y porter remède, autant qu'il était en moi, dans l'intérêt de mon pays.

L'exportation de nos produits au Brésil était donc languissante depuis nombre d'années, et j'acquis bientôt la certitude que ceci tenait non-seulement au manque de renseignements sur les ressources et les besoins du pays, mais encore et avant tout à la conduite malheureusement peu honorable de deux individus chargés, à cette époque, des fonctions de consul et de vice-consul belges au Brésil. Dès ce moment, je crus devoir prendre certaines mesures pour arrêter et déjouer les plans de nos agents consulaires et les empêcher de frustrer à l'avenir les expéditeurs de Belgique. J'eus soin, en même temps, de préparer un travail sur le commerce de Rio de Janeiro ; et, aussitôt que ma santé me le permit, je visitai tour à tour les principaux ports du Brésil, tels que Bahia, Pernambouco, Maceo, Maranhan, Ceara, Para et Santos. Comme il n'existait, en Belgique, aucun renseignement sur ces localités, je fis de nombreux travaux statistiques et commerciaux sur chacune d'elles, et je m'empressai d'adresser tous ces documents au gouvernement du Roi, après avoir pris en même temps les mesures nécessaires pour l'organisation, sur la côte, des consulats dont l'établissement était indispensable.

Ma présence dans les divers ports et mes travaux sur chacun d'eux eurent pour résultat de donner plus d'essor à nos relations avec le Brésil. En effet, quelques mois après mon départ de ce pays, plusieurs maisons belges qui y étaient établies, voulurent bien me tenir au courant de la marche progressive de notre commerce au Brésil (*). Je me serais abstenu de mentionner ce qui précède, si l'utilité de mon voyage au Brésil et de ma mission en Amérique n'eût pas été mise en doute par plusieurs personnes qui n'avaient pas cherché jusqu'alors à se pénétrer de la haute importance de nos relations transatlantiques et de la nécessité de les étendre sans retard pour assurer l'avenir de notre industrie et de notre commerce.

Après quelques mois de séjour au Brésil, je me rendis sur la côte occidentale, avec laquelle nos relations avaient été assez insignifiantes jusqu'alors. Pendant mon séjour dans les diverses républiques, j'ai étudié leurs ressources et leurs besoins, tout en

(*) Voici, entre autres, une lettre que je reçus quelque temps après :

CONSULAT DE HOLLANDE.

« Bahia, 30 mars 1846.

» Mon cher monsieur,

» Une occasion se présentant ce jour pour votre port, par le trois-mât brésilien *La* » *Feliciana,* j'en profite avec empressement pour vous accuser réception de votre bien » agréable lettre de Valparaiso, du 1er février 1845, la seule qui me soit jamais parvenue » de vous depuis que vous avez quitté le Brésil, quoique vous ayez eu la complaisance » de m'écrire plusieurs fois. Je vous remercie infiniment des détails que vous me donnez » sur votre pèlerinage. Je vois que vous avez beaucoup travaillé, et regrette qu'on vous » conteste les frais que vous avez faits dans vos excursions dans les différents ports du » Brésil. Cependant, si les relations commerciales de la Belgique ont pris quelqu'étendue » dans cet empire, c'est à vos constants efforts que cet avantage est dû. Quand je me » rappelle la masse énorme de documents que vous avez recueillis lors de votre séjour » auprès de nous, je suis tenté de croire que jamais agent étranger ne s'est donné autant » de mal que vous vous en êtes donné, mon cher monsieur, pour tirer tout le parti pos- » sible de la mission qui vous a été confiée. J'ai donc l'espoir qu'en vous rendant justice » en tout, votre gouvernement, dont la sollicitude tend toujours à créer de nouveaux » débouchés pour le commerce et l'industrie belges, ne se refusera pas longtemps à vous » rembourser tous vos frais, et je serai heureux d'apprendre par vous-même, que je ne » me suis pas trompé.|

» Agréez, mon cher monsieur, l'assurance de mes sentiments affectueux.

» Votre tout dévoué serviteur,

» (Signé) F. LECIAGUE. »

A Monsieur Bosch Spencer, chargé d'affaires de S. M. le Roi des Belges, à Lima ou à Santiago.

adressant au gouvernement du Roi de nombreux rapports sur le commerce, la statistique, les finances, la politique et l'administration des divers pays d'Amérique. Malgré les entraves incessantes que notre commerce semblait se susciter à lui-même, je vis nos exportations pour l'Amérique du sud augmenter d'année en année, ce dont il sera facile de se convaincre en jetant les yeux sur les résultats suivants, obtenus depuis 1841 jusqu'en 1848 :

En 1841, la valeur des produits belges exportés vers la
   côte occidentale de l'Amérique du sud, ne s'é-
   leva qu'à . . . . fr. 253,000
En 1842, la valeur des produits belges exportés fut de » 292,000
En 1843, »   »   » » 364,000
En 1844, »   »   » » 577,000
En 1845, »   »   » » 913,000
En 1846, »   »   » » 1,678,000
En 1847, »   »   » » 2,000,000

Depuis mon retour en Belgique, j'ai été assez heureux de faire comprendre à plusieurs armateurs et fabricants, la nécessité de donner sans retard un plus grand essor à nos relations transatlantiques ; et, d'après les expéditions déjà faites dans le courant de cette année, il y a lieu d'espérer que les exportations pour la côte occidentale de l'Amérique du sud s'élèveront, en 1848, à une valeur de 3 millions de francs au moins.

Un grand nombre de personnes, dans le but de former une vaste association et de donner par là une grande extension à nos relations avec les républiques de l'Amérique du sud, m'ayant vivement engagé à livrer à l'impression tous mes travaux statistiques et commerciaux, je n'ai pas hésité, après avoir obtenu l'autorisation du gouvernement, à entreprendre à mes frais un long et pénible travail et à revoir et résumer tous mes documents, afin d'être à même d'en publier promptement, d'une manière complète quoique succincte, un ensemble qui pût servir de guide à notre commerce pour les nombreux échanges à établir entre la Belgique et l'Amérique. Telle est donc l'œuvre que je livre aujourd'hui au public, dans l'espoir que le résultat désiré ne se fera pas attendre, me réservant de publier sous peu un deuxième volume sur la statistique générale des diverses républiques, et, plus tard, un troisième volume sur l'administration et la politique de ces pays depuis leur indépendance.

Notre commerce, en général, hésite trop souvent à accorder sa confiance aux renseignements officiels qui sont recueillis dans son intérêt; pour le rassurer à l'égard de ceux qu'il trouvera dans cet ouvrage, je crois convenable de lui faire connaître l'opinion de deux des premières maisons de Lima et de Valparaiso sur mes travaux commerciaux (*).

(*) Lima, le 25 juin 1844.

Monsieur le chargé d'affaires,

Ayant eu l'occasion de voir votre rapport ou *Note générale sur le commerce d'importation au Pérou*, avec ses nombreux détails et échantillons, c'est avec le plus grand plaisir que nous venons vous exprimer notre opinion sur le mérite et l'exactitude de votre travail.

Le manque total ici de toute assistance subsidiaire ou intermédiaire pour exécuter une œuvre semblable, rend votre travail d'autant plus surprenant, et l'accomplissement de ce que vous avez entrepris est infiniment plus méritoire que l'on ne peut se l'imaginer en Europe, où des renseignements et des échantillons s'obtiennent par des courtiers, tandis qu'ici, dans toutes les circonstances, pour les plus petites choses comme pour les plus importantes, ce n'est qu'avec les plus grandes peines, l'activité et les soins personnels que l'on parvient à les obtenir.

L'immense détail de votre travail, les nombreuses recherches que vous avez dû faire et l'exactitude de votre œuvre ont donc augmenté d'autant plus notre étonnement. Et, nous pouvons dire avec franchise que nous, avec tous les avantages d'une longue expérience locale et de nos relations acquises après une résidence de plus de vingt ans à Lima, en qualité de négociants commissionnaires pour tous les articles en général, recevant constamment de grandes consignations de marchandises de différentes parties d'Europe, de Chine et des États-Unis, nous aurions hésité longtemps avant d'entreprendre un travail de cette nature, et certes nous ne serions jamais parvenus à remplir aussi bien cette tâche.

Nous sommes, Monsieur le chargé d'affaires, avec la plus parfaite considération,

Vos obéissants serviteurs,

ALSOP et Cᵗᵉ.

A Monsieur Bosch Spencer. chargé d'affaires de S. M. le Roi des Belges, à Lima.

Le chargé d'affaires de France au Chili certifie véritable la signature de MM. Alsop et Cᵗᵉ, négociants à Lima et à Valparaiso.

Santiago, le 6 mai 1845. (Signé) DE CAZOTTE.

Lima, le 4 décembre 1844.

Monsieur le chargé d'affaires,

Ayant examiné avec soin vos relevés et travaux du plus grand intérêt, relatifs au commerce du Pérou, que vous avez bien voulu nous confier pour en prendre connaissance,

Dans la première partie de l'ouvrage, j'ai résumé d'abord la statistique commerciale des diverses républiques pour obtenir ensuite le chiffre total du commerce annuel de la côte occidentale, qui est de 240 millions de francs. On verra, en examinant les chiffres posés, que les importations annuelles sur les divers marchés s'élèvent à une valeur de 120 millions de francs, auxquelles la Belgique peut concourir, pour plusieurs millions, avec un grand nombre de ses produits.

Dans la deuxième partie, j'ai fait connaître tous les articles qui

permettez-nous de vous exprimer la haute opinion que nous avons de cet admirable travail.

Nous sommes convaincus que parmi tous les rapports et états commerciaux qui aient jamais été faits au Pérou, il n'y en a aucun semblable au vôtre ou qui puisse lui être comparé.

Embrassant tous les articles de quelque utilité, votre travail donne toutes les indications d'une manière claire et précise, et vous avez combiné la plus grande concision, précision et exactitude avec les détails les plus minutieux et les plus lucides. Nous avouons que nous sommes étonnés de ce que vous ayez pu vous procurer tous les matériaux nécessaires pour élaborer ces pénibles, mais utiles travaux, surtout dans un pays comme le Pérou, où il n'existe aucune facilité pour recueillir des renseignements statistiques et commerciaux et où les plus simples documents ne s'obtiennent qu'avec des peines, une perte de temps et des dépenses incroyables.

Le labeur et la valeur d'un travail comme le vôtre seront dûment et entièrement compris, et nous pensons qu'il ne peut manquer d'être hautement estimé par tout le monde en général, et que dans votre pays on saura l'apprécier ainsi qu'il le mérite.

Vous devez avoir éprouvé une grande satisfaction, après plusieurs années d'un travail incessant et de grandes dépenses, d'avoir vaincu tous les obstacles et d'être parvenu à produire une œuvre aussi complète, qui se trouve en dehors de toute rivalité et qui donne la plus haute opinion de votre zèle et de vos productions qui traitent du commerce et des branches qui en dépendent.

Nous sommes, Monsieur le chargé d'affaires, avec la plus parfaite et respectueuse considération,

Vos très-obéissants serviteurs.

p. p^{on} de Fred. Huth Gruning et Cie.

H. G. Rodewald.

A Monsieur Bosch Spencer, chargé d'affaires de S. M. le Roi des Belges, à Lima.

Le chargé d'affaires de France au Chili certifie véritable la signature de MM. Huth Gruning et Cie, négociants à Lima et à Valparaiso.

Santiago, le 6 mai 1845.

(Signé) De Cazotte.

s'importent au Pérou, tant pour la propre consommation de ce pays que pour celle des républiques auxquelles il sert d'entrepôt.

La troisième partie mentionne tous les articles qui s'importent au Chili, tant pour la consommation de ce pays que pour celle des républiques auxquelles le Chili sert d'entrepôt.

En indiquant l'importation annuelle des divers articles au Pérou et au Chili, j'ai eu soin de faire connaître en même temps les quantités à importer par cargaison, ainsi que les plus minutieux détails sur les assortiments, les dimensions, les poids, les mesures, les qualités, les formes, les couleurs et le mode d'emballage suivi pour tous les articles qui peuvent être expédiés vers ces contrées.

Des échantillons, des modèles et des dessins, au nombre de 5,380, dont j'ai fait mention aux divers articles d'exportation, se trouvent à la disposition des intéressés : ils pourront les consulter, en quelque sorte sans se déplacer, vu que j'ai fait préparer à mes frais plusieurs exemplaires desdits échantillons, qui ont été déposés dans les principales chambres de commerce du pays. Dans le nombre des échantillons, dessins et modèles déposés, se trouvent une infinité d'articles que la Belgique ne fabrique pas, mais qu'elle produira avec la plus grande facilité aussitôt qu'elle le voudra. Plusieurs de ces articles pourraient être fabriqués dans les maisons de détention et autres ateliers du gouvernement et des communes.

La quatrième partie de l'ouvrage traite spécialement du commerce d'importation en Bolivie.

Dans la cinquième partie, j'ai fait connaître l'importance des principales mines du Chili, du Pérou, de la Bolivie, ainsi que les produits qui concourent aux exportations des diverses républiques.

La sixième partie se compose : 1° des comptes simulés de navigation ; 2° d'un grand nombre de comptes simulés de vente et d'achat.

La septième partie mentionne les conditions auxquelles les maisons consignataires belges au Pérou et au Chili, se chargent des affaires en commission, etc.

Enfin, la huitième partie de l'ouvrage fait connaître le système des poids et mesures du Pérou, du Chili, de la Nouvelle-Grenade et de l'Angleterre.

Le commerce et l'industrie se trouvant ainsi en possession de tous les renseignements nécessaires pour donner suite à des expéditions importantes vers la côte occidentale, il ne reste plus maintenant qu'à réunir tous les moyens pour opérer sur une grande échelle et avec certitude de succès.

Des consulats belges existant aujourd'hui dans les principaux ports de la côte, notre commerce y trouvera aide et protection pour l'expédition des navires. Les ports de Valparaiso, Cobija, Arica, Islay et Callao, dont j'ai suffisamment fait connaître l'importance, sont ceux vers lesquels nos navires seront généralement expédiés. Cependant, comme ils devront parfois se rendre dans les ports intermédiaires, tant pour y vendre une partie de leur cargaison que pour y charger des produits en retour, je crois devoir donner quelques indications sur tous les points de la côte où nos navires pourront être obligés de se rendre.

Comme plusieurs capitaines, en se dirigeant vers la côte occidentale de l'Amérique du sud, préfèrent passer par le détroit de Magellan que de doubler le cap Horn, nos navires se verront quelquefois dans le cas de toucher au port San-Felipe ou Famine, situé dans le détroit. Ce port est habité aujourd'hui, les Chiliens y ayant établi une colonie, qui est encore dans l'enfance ; néanmoins nos navires y trouveront des vivres et du secours en cas de besoin ou de danger. Depuis quelque temps déjà, le gouvernement chilien a formé le projet d'établir un service à vapeur dans le détroit pour remorquer les navires, afin de raccourcir ainsi le voyage de ceux qui se rendent au Chili et de contrebalancer de cette manière, jusqu'à un certain point, les avantages qui sont acquis au Pérou depuis l'établissement du service à vapeur par Panama.

Le port d'Ancud ou San Carlos, dans l'archipel de Chiloë, a déjà une certaine importance pour la consommation des produits européens. Nos navires y trouveront des jambons, des pommes de terre et des planches d'alerce, à des prix très-avantageux.

L'archipel de Chiloë, qui se compose de soixante-quatre îles, dont la plus grande (Chiloë) a 40 lieues de longueur sur 15 de largeur, est destiné à devenir un des points les plus importants, comme position maritime, dans la Mer du Sud. La possession de ces îles, où il y a peu de population aujourd'hui, sera toujours extrêmement utile au Chili, tant pour le maintien de sa puissance maritime dans la mer Pacifique, que pour la conservation de sa prépondérance sur les autres États de la côte. Le climat y est très-pluvieux ; mais tout porte à croire qu'il le sera infiniment moins, à mesure que l'on verra disparaître les épaisses forêts qui recouvrent en tous sens le sol de cet archipel.

Le port de Valdivia (Chili), qui est principalement fréquenté par les navires baleiniers, est peu important jusqu'à ce jour pour la consommation des produits européens, mais les navires belges y trouveront des vivres frais et des bois à des prix très-avantageux. Le mouillage y est très-bon, et l'on peut dire que Valdivia est le plus beau port de la république : son éloignement du centre du pays et le chiffre assez restreint de la population de la province de Valdivia expliquent suffisamment le peu d'importance qu'il a atteint jusqu'à ce jour.

La province de Valdivia, qui a 60 lieues de longueur sur 25 de largeur, possède plusieurs fleuves navigables. Elle est encore couverte de forêts vierges, qui s'étendent jusqu'au pied des Andes ; son climat a beaucoup de ressemblance avec celui du midi de l'Europe, et elle est destinée à devenir une des provinces les plus productives du Chili aussitôt qu'elle sera plus peuplée. Le gouvernement chilien a déjà pris des mesures financières pour y attirer des colons européens, et il serait facile à la Belgique de s'entendre avec lui pour y former une colonie.

Le port de Talcahuano, dans la province de Concepcion (Chili), qui est séparé de celui de Valdivia par le pays des Araucans ou l'Araucanie, est déjà assez important pour la consommation des produits d'Europe. Nos navires y trouveront des vivres frais en abondance, du froment, de belles farines, des cuirs, du vin, de la viande salée, du poisson sec, du charbon, du cuivre en barres, des bois de construction, etc.

La Belgique possède depuis peu un vice-consulat belge dans cette localité; M. Alexandre Cross en est le chef.

L'Araucanie, que je viens de mentionner, est aussi destinée à devenir une des parties les plus productives du Chili, et elle le deviendra aussitôt que la race guerrière et longtemps indomptable des Araucans sera assez affaiblie pour ne pouvoir plus s'opposer à l'établissement des colons européens; déjà, elle décroît considérablement chaque année, par suite des maladies qui la déciment et de la démoralisation profonde dans laquelle elle tombe tous les jours davantage.

Le port de Constitucion, dans la province de Maule (Chili), n'est pas sans importance pour la consommation des produits européens. Nos navires y trouveront en retour des vivres frais, des haricots secs, de la farine, des fromages, du vin, du suif, du bois de construction, etc.

Le port de Valparaiso (Chili) est le plus important de la république, aussi bien comme entrepôt du Chili et d'autres pays de la côte, que comme point de consommation. A cet égard, on pourra consulter la statistique commerciale des diverses républiques de la côte occidentale, qui forme la première partie de cet ouvrage.

Un consulat belge est établi depuis plusieurs années à Valparaiso; M. Corneille De Boom en est le titulaire.

Notre consul est un des chefs de la principale maison belge de ce port, établie sous la raison de De Boom, Vigneaux et Grisar. L'intelligence, l'activité, la bonne foi à toute épreuve des chefs de cette maison sont trop connues en Belgique pour qu'il soit encore nécessaire de la recommander davantage au commerce belge.

Le port de Coquimbo, dans la province du même nom (Chili), prend tous les jours plus d'importance pour la consommation des produits d'Europe. L'emploi du charbon de terre pour la fonte des métaux au Chili augmentant chaque année, les navires belges qui se rendront à Coquimbo ou dans plusieurs autres localités de la république, pourront toujours prendre une partie de leur chargement en houilles grasses dont ils trouveront le placement à 9 et 10 piastres par tonneau.

Le Chili offre donc aujourd'hui un débouché considérable à nos charbons ; aussi, ai-je vivement engagé plusieurs propriétaires de mines en Belgique à organiser une navigation directe et suivie, pour cet article, avec les points où il sert à alimenter les bateaux à vapeur et la fonte des métaux. D'après les indications que je leur ai fournies, des chargements entiers pourront s'expédier régulièrement tous les mois avec certitude de placement dès leur arrivée.

Des chargements de retour en minerais de cuivre et d'argent pourront aussi être assurés à nos navires, dès que l'on s'occupera sérieusement de la création, en Belgique, d'un établissement qui exploiterait sur une grande échelle la fonte de ces métaux, à l'instar de ceux qui existent en Angleterre et aux États-Unis. De la création de cette industrie nouvelle résulteront pour nous trois grands avantages. En premier lieu, nous ne serons plus, comme maintenant, obligés d'acheter annuellement, en Angleterre et ailleurs, pour plusieurs millions de cuivres dont la consommation se fait en Belgique ; ensuite, nos ouvriers et nos charbons trouveront un nouvel et excellent emploi ; et puis, comme conséquence de ce qui précède, notre pays deviendra un marché important pour le cuivre et l'argent. Déjà, en 1841, j'avais exprimé ma manière de voir à ce sujet dans un long mémoire ; mais aucune suite ne fut donnée à mes observations. Cependant, par mes rapports établis depuis mon retour avec plusieurs industriels, je crois enfin être parvenu à faire comprendre l'état réel des choses, et j'ai tout lieu d'espérer que le moment n'est pas loin où ce projet, mis à exécution, donnera un grand développement à notre navigation et à notre commerce.

Un vice-consulat belge, dont M. Robert Lambert est le titulaire, a été établi depuis quelques mois à Coquimbo. Notre vice-consul possède, avec son père, de vastes établissements pour la fonte des cuivres ; on y consomme mensuellement jusqu'à mille tonneaux de charbons. Nos industriels et nos armateurs pourront donc, dès ce moment, se mettre en rapport direct avec la maison Lambert, tant pour ce qui concerne l'exportation de nos charbons, que pour l'importation en Belgique du cuivre fondu et des minerais de cuivre.

Le port de Huasco, dans la province d'Atacama (Chili), est assez important pour la consommation des produits d'Europe. Nos charbons y trouveront un placement certain, et nos navires y prendront en retour du cuivre et de l'argent.

Depuis quelques mois, un vice-consulat belge a été établi dans cette localité; M. Charles Lambert, frère du vice-consul à Coquimbo, en est le titulaire.

Le port de Copiapo, dans la province d'Atacama (Chili), n'est pas sans importance pour la consommation des produits européens. De même qu'à Huasco, nos charbons y trouveront un placement certain, et nos navires pourront y obtenir, en retour, du cuivre et de l'argent. Le guano, qui s'exporte du Chili et qui se trouve à peu de distance de Copiapo, dans le désert d'Atacama, pourra aussi servir comme chargement de retour à ceux de nos navires qui se rendront dans le port de Copiapo.

On s'occupe sérieusement à Copiapo de la construction d'un chemin de fer, qui aura plusieurs lieues de longueur et qui mettra les mines en communication directe avec la mer. D'après mes indications, les intéressés dans cette affaire sont aujourd'hui informés et convaincus que c'est en Belgique qu'ils trouveront avec le plus d'avantages tous les éléments nécessaires à la construction de leur voie ferrée, et j'ai tout lieu d'espérer que la Belgique fournira les ingénieurs et le matériel nécessaires à cet effet.

A ce sujet, je ne crois pas hors de propos de faire remarquer que, peu de temps avant de m'éloigner du Chili, le gouvernement chilien m'avait proposé de faire en Belgique des ouvertures pour la construction du chemin de fer de Valparaiso à Santiago. La précipitation de mon départ ne m'ayant pas permis de réunir tous les documents et renseignements nécessaires, cette affaire, qui me semble être avantageuse en tous points, pourrait être reprise par l'entremise de notre consul à Valparaiso.

Un consulat belge a été établi à Copiapo depuis quelques mois; M. Charles Darlu en est le titulaire. Propriétaire de mines d'argent et ingénieur très-distingué, notre consul est en position d'être très-utile à notre pays aussitôt qu'on mettra la main à l'œuvre pour la construction du chemin de fer de Copiapo. Il s'empressera aussi d'aider de ses conseils les Belges qui se rendront au Chili dans le but d'y exploiter les mines.

Le port de Cobija, le seul que la Bolivie possède dans l'Océan Pacifique, et dont la quatrième partie de cet ouvrage traite tout spécialement, est un des points importants de la côte, vu que tout ce qui s'importe en Bolivie et tout ce qui en sort, doit passer par ce port et par celui d'Arica (Pérou). Ce dernier, plus rapproché que Cobija d'une partie de la Bolivie, reçoit en transit, eu égard à sa position géographique, la moitié environ des marchandises destinées pour la Bolivie, ainsi qu'une grande partie des produits qui s'exportent de ce pays.

Depuis quelques mois, un vice-consulat belge a été établi à Cobija; le titulaire en est M. Lucien Durandeau, chef d'une des bonnes maisons de consignation dans ce pays. Le commerce belge y trouvera toutes les garanties, plus une entente parfaite, acquise par une longue expérience, des opérations à faire en Bolivie.

Le port d'Iquique (Pérou) est peu important jusqu'à ce jour pour le placement des produits européens; mais nos navires y trouveront des chargements de retour en salpêtre, produit qui s'expédie de ce point en quantités considérables pour l'Europe.

Le port d'Arica, du département de Moquegua (Pérou), sur lequel je me suis étendu suffisamment dans la deuxième et la quatrième partie de cet ouvrage, est un des points importants de la côte pour le placement des produits d'Europe. Nos navires y trouveront, comme chargement de retour, de l'or, de l'argent, du cuivre, de l'étain, de la laine, des cuirs, du quinquina, etc.

Depuis quelques mois seulement, un consulat belge est établi à Tacna, du département de Moquegua, dont Arica est le port; M. Charles Herzog en est le titulaire. Notre consul est le chef, depuis vingt ans, d'une des premières maisons de consignation; le commerce belge y rencontrera toutes les garanties désirables et une connaissance approfondie des besoins et des ressources du pays.

Le port d'Islay, du département d'Aréquipa (Pérou), est aussi un des points importants de la côte pour l'importation des produits européens. Des cargaisons complètes s'expédient directement d'Europe vers ce port, pour la consommation des départements d'Aréquipa, de Puno, etc. Les navires belges y trouveront donc sans peine le placement de nos produits ; ils prendront en retour de l'argent, des laines, des cuirs, du quinquina, etc.

Le port de Pisco, près d'Ica, département de Lima (Pérou), est assez important pour l'importation des produits d'Europe. Nos navires y trouveront, comme chargements de retour, du guano, du coton, des laines, des sucres, du cuivre, des vins, des eaux-de-vie, etc. C'est à une petite distance de ce port que sont situées les îles de Chincha, où se trouve le guano.

Le port de Callao, du département de Lima (Pérou), est un des plus importants de la côte pour l'importation des produits européens. Dans la première et dans la deuxième partie de cet ouvrage, on verra que ce port forme entrepôt, pour la consommation du Pérou et des républiques voisines ; c'est donc principalement vers ce port que se dirigeront nos navires, pour importer de nos produits au Pérou. Le Callao n'offre guère, comme retour, que de l'argent monnayé et en barres; aussi les navires, après avoir déchargé au Callao, doivent-ils, pour former leur charge_ment de retour, se rendre, soit aux îles Chincha pour prendre du guano, soit dans les ports du nord ou du sud pour y charger d'autres produits.

Nous possédons à Lima un consulat belge, dont le titulaire est M. Adolphe Lacharrière, chef, depuis nombre d'années, d'une des plus respectables maisons de consignation. La grande expérience qu'il a acquise dans les affaires, et la loyauté qui le distingue, présentent toutes les garanties que notre commerce peut désirer.

Le port de Lambayeque, du département de la Libertad (Pérou), est assez important pour la consommation des produits d'Europe. Nos navires y trouveront, comme chargement de retour, du sucre, du riz, de la cochenille, du tabac, du savon, de l'argent en lingots, etc.

Le port de Payta, de la province littorale de Piura, du département de la Libertad (Pérou), a déjà assez d'importance pour l'importation des produits d'Europe. Nos navires y trouveront, comme chargement de retour, du coton, des ouvrages en paille, de l'argent, etc.

Nous possédons depuis plusieurs années, à Payta, un vice-consulat belge, dont M. Denis Boulanger est le titulaire. Notre vice-consul est, depuis nombre d'années, le chef de la principale maison de commerce de Payta, et a de grands intérêts dans les plantations de coton et d'autres industries de la province de Piura. Le commerce belge trouvera chez lui une connaissance parfaite des ressources et des besoins du pays, ainsi qu'une loyauté à toute épreuve.

Le port de Guayaquil (Équateur) est un des points importants de la côte pour l'importation des produits d'Europe, ainsi qu'on pourra le voir en consultant la statistique commerciale des diverses républiques, qui forme la première partie de l'ouvrage. Nos navires y trouveront, pour former leur chargement de retour, des bois de construction et d'ébénisterie de différentes espèces, et qui résistent, pendant plus de cent ans, soit à l'action de l'air, soit à celle de l'eau ; c'est ainsi que la qualité de bois, dite Matarasnas, a la propriété de se pétrifier sous terre. Les autres produits servant à l'exportation, sont : le cacao, les tabacs, le coton, les ouvrages en paille, la vanille, l'asphalte, etc.

Depuis quelques mois, un consulat belge, dont M. Jose-Maria Caamaño est le titulaire, a été créé à Guayaquil. Notre consul est le chef d'une des maisons de commerce les plus respectables de ce port, et les industriels belges pourront s'adresser à lui, en toute confiance, pour les échanges à faire entre les deux pays.

Le port de Buenaventura, dans la province de Choco, département de Popayan (Nouvelle-Grenade), n'offre jusqu'à présent que fort peu d'importance pour l'importation des produits européens. Aussitôt que la route, qui doit mettre ce port en communication avec la capitale de la république (Bogota de Santa-Fé, située au centre du pays), sera achevée, ce point de la côte pourra aussi être visité par nos navires, qui y trouveront des retours en cacao, tabacs et autres produits de la Nouvelle-Grenade.

Le port de Panama, dont il est fait mention dans la première partie de cet ouvrage, est destiné à reprendre son ancienne importance. Depuis l'établissement des bateaux à vapeur dans la Mer Pacifique, touchant à Panama, ce dernier port a déjà repris de la vie, et il s'animera bien davantage aussitôt qu'il y aura une route ordinaire pour le passage de l'Isthme, vu qu'alors plusieurs marchandises légères seront expédiées de préférence par cette voie, pour les diverses républiques de la côte occidentale. D'après les dernières nouvelles, le gouvernement grenadin allait mettre la main à l'œuvre pour faciliter le passage de l'Isthme. Le nouveau service de navigation à vapeur des États-Unis, qui est en activité depuis quelques mois, afin de mettre les Montagnes Rocheuses, tout le pays baigné par le fleuve Colombia et les ports de la Californie (nouveaux territoires des États-Unis) en communication régulière avec Panama, viendra encore augmenter l'importance de ce dernier port. Ce nouveau moyen de transport accéléré et la colonisation des États-Unis, qui marche déjà rapidement sur les côtes de la mer Pacifique, dans les pays récemment conquis, influeront aussi puissamment à donner un nouvel essor au commerce de Panama et à celui de tous les ports de la côte occidentale de l'Amérique du sud.

Maintenant que j'ai indiqué tous les ports de quelque importance sur la côte occidentale, avec lesquels la Belgique peut entretenir des relations suivies, je crois de mon devoir de faire connaître mon opinion sur ce qui reste à faire pour donner des garanties à notre commerce en Amérique et y assurer son avenir. Je veux parler d'une bonne et complète organisation des divers consulats non-rétribués établis et à établir sur la côte occidentale de l'Amérique du sud, que l'on placerait sous les ordres immédiats d'un chef de la légation du Roi au Pérou, afin d'en tirer tout le parti possible dans l'intérêt du pays.

Depuis mon retour, la légation belge au Pérou et au Chili a été supprimée; néanmoins, je n'hésite pas à déclarer que l'importance future de nos relations avec cette partie de l'Amérique et la continuation de celles qui existent sont attachées en grande partie à la conservation de ce poste. Mes intérêts personnels ayant été gravement compromis par suite d'un exil de neuf années en Amérique, j'ai, plusieurs fois, exprimé le désir de ne plus être chargé d'une mission dans l'autre hémisphère. Or, en exprimant mon opinion sincère sur la nécessité de conserver un des postes les plus importants pour notre commerce et notre industrie, je ne suis guidé par aucun autre intérêt que celui du pays. Non-seulement le maintien de ce poste est indispensable pour défendre nos intérêts et suivre nos réclamations près des diverses républiques, mais il l'est encore pour tenir le gouvernement du Roi constamment au fait des changements fréquents qui ont lieu dans la politique, l'administration et les lois de douane des États de l'Amérique du sud. Le Pérou étant le point central et le plus important de toutes les républiques de la côte occidentale, il semble indispensable que le chef de la légation réside à Lima. Depuis l'existence des bateaux à vapeur dans la Mer Pacifique, c'est au Pérou où arrive d'abord la correspondance d'Europe, pour être ensuite expédiée vers les autres points de la côte. Afin d'assurer la régularité du service, le gouvernement du Roi ne devrait correspondre qu'avec la légation, à Lima, qui transmettrait à tous les consulats sous ses ordres, les avis et documents nécessaires. A leur tour, les divers consuls feraient régulièrement parvenir au chef de la légation à Lima, tous les documents et renseignements voulus, et ce dernier, après en avoir pris connaissance, en formerait un résumé ou rapport général qu'il adresserait au gouvernement du Roi. De cette manière, on éviterait une longue et dispendieuse correspondance, tant au département des affaires étrangères qu'aux consuls. Remarquons aussi que, par sa présence sur les lieux, la connaissance des événements récents dans les diverses républiques et par sa correspondance suivie avec les gouvernements des divers États, le chef de la légation sera mis à même de guider les consuls, de stimuler leur zèle et d'aplanir les difficultés. Or, c'est là ce que ne pourra jamais faire le département des affaires étrangères, à une distance de 4,000 lieues, tandis qu'au contraire, par les bateaux à vapeur, le chef de la légation pourra toujours se transporter sans retard sur tous les points de la côte, selon que l'exigeraient les circonstances.

Dans l'intérêt du service, il devrait même inspecter tous les deux ans, au moins, les divers consulats, et séjourner quelque temps dans la capitale de l'une ou l'autre république où sa présence serait le plus nécessaire.

Ne perdons pas de vue également que les autorités locales refusent souvent, en Amérique, de faire droit aux réclamations des consuls, et que le chef de la légation, étant accrédité près des diverses républiques, pourra, en des cas pareils, s'adresser aux divers gouvernements, et obtenir ce que les consuls ne sont pas en position de demander, vu que les gouvernements ne veulent reconnaître que les réclamations des agents diplomatiques. Je vais plus loin. Je dirai qu'après une expérience de plusieurs années, j'ai été à même de me convaincre que les consuls négociants dans l'Amérique du sud ne peuvent rendre des services au pays qu'à certaines conditions et dans des limites trop restreintes. En effet, les négociants qui s'établissent en Amérique n'ayant naturellement d'autre pensée que celle de faire fortune le plus promptement possible, dans le but de retourner en Europe pour en jouir, sont extraordinairement parcimonieux de leur temps, dont, il est vrai, la valeur équivaut à celle de l'or.

On concevra facilement que, n'étant pas rétribués par le gouvernement, les consuls négociants n'iront pas négliger les affaires de leur maison de commerce pour s'occuper, comme consuls, de préparer et d'enregistrer les nombreuses pièces qui doivent être délivrées lors de l'arrivée et du départ d'un navire. Ils chargeront donc de ce soin un des employés de leur maison de commerce, qui devra être indemnisé du temps employé aux fonctions consulaires. Or, les employés étant largement rétribués en Amérique, en raison de la cherté de la vie, je sais, par expérience, que les frais de copie faits par les consuls ne peuvent pas être couverts par l'indemnité qu'ils sont autorisés à porter en compte, d'après le tarif actuel. En raison de ce qui précède, le gouvernement devrait donc, dans tous les cas, s'occuper, sans retard, d'arrêter un nouveau tarif pour les chancelleries consulaires en Amérique.

S'il était question d'examiner lequel des deux systèmes,

celui des consulats rétribués ou celui des consuls-négociants non-rétribués, serait le plus favorable pour la Belgique, je pourrais m'étendre longuement sur les avantages du premier; mais, comme cet examen me conduirait trop loin, je me bornerai à indiquer un des graves inconvénients que présente le système que nous suivons actuellement. Lorsque nos consuls non-rétribués ont à défendre les intérêts belges près des autorités locales ou vis-à-vis d'autres personnes, leur qualité de négociants les met souvent dans une position fausse et difficile, et il n'est pas rare que leur intérêt personnel se trouve en opposition avec les devoirs attachés à leurs fonctions.

La présence en Amérique d'un chef de légation, dont le seul mobile ne peut être que l'intérêt du commerce belge en général, et à l'autorité duquel les parties lésées pourraient avoir recours, serait un moyen efficace d'obvier aux graves inconvénients que je viens de signaler. Je crois encore devoir ajouter que, par une organisation différente et plus complète des consulats non-rétribués, on pourrait beaucoup faciliter les travaux des consuls et obtenir d'eux plus de renseignements, dans l'intérêt de notre commerce.

On a vu, ci-dessus, que nos exportations pour la côte occidentale, dont la valeur, en 1841, n'était que de 253,000 fr., ont pris, tous les ans, plus d'importance; j'ai dit qu'elles s'élèveront cette année à 3 millions de francs environ, et je puis ajouter, avec la plus grande assurance, que si nos armateurs, nos fabricants, nos sociétés, nos banques et tous ceux enfin qui sont en position de donner de l'impulsion à nos relations, eussent fait, dans l'intérêt du pays et dans le leur, ce qu'on était en droit d'attendre d'eux, le chiffre de nos exportations vers cette partie du monde s'élèverait au double aujourd'hui. Quoique d'autres, et notamment les Allemands, après les Anglais, les Français et les Américains du nord, se soient déjà en partie emparés du terrain que nous aurions dû occuper depuis longtemps en Amérique, nous ne devons pas perdre un seul instant de vue que la côte occidentale de l'Amérique du sud offre un marché de 120 millions de francs à l'industrie européenne.

La position calme et exceptionnelle, dans laquelle nous nous trouvons au milieu de l'Europe agitée, vient heureusement nous présenter une occasion des plus favorables pour donner un grand et prompt développement à nos relations transatlantiques, et si nous ne manquons pas de la saisir, l'exportation de nos produits vers l'Amérique du sud s'élèvera, en peu d'années, à 10 millions de francs au moins. En retour, les produits américains que nous importerons en Belgique pourront atteindre, en peu de temps, à un chiffre semblable, et ce roulement d'affaires de 20 millions de francs, distribués entre nos diverses industries, contribuera puissamment à assurer le bien-être du pays. Les Anglais, qui sont nos maîtres dans tout ce qui a rapport au commerce et à l'industrie, avaient compris, longtemps avant l'indépendance de l'Amérique espagnole, combien ce pays, par son émancipation, deviendrait un immense débouché pour l'exportation de leurs produits. En sacrifiant plusieurs millions pour provoquer et soutenir cette indépendance, ils savaient que le placement de ce capital donnerait plus tard de gros intérêts. Avant la pacification complète des diverses républiques, des agents diplomatiques et consulaires anglais se trouvaient déjà sur les lieux pour s'emparer du terrain, et c'est par ces moyens qu'ils sont en possession aujourd'hui des deux tiers du commerce de ce pays.

L'Angleterre dépense annuellement, dans l'intérêt de son commerce, plus de 4 millions de francs pour entretenir des agents diplomatiques et consulaires, ainsi que sa marine de guerre dans l'Amérique du sud. La France dépense annuellement plus de 2 millions de francs dans le même but. Ces dépenses paraîtront énormes; et pourtant, elles ne représentent qu'un demi pour cent environ sur les 500 millions d'affaires que l'Angleterre fait avec l'Amérique du sud, et un pour cent environ sur le chiffre des opérations que fait la France avec ce même pays! Les États-Unis, la Prusse, l'Italie, la Hollande, le Brésil, Rome, le Danemark, Hambourg, Brême et les îles Sandwich, ont également des agents diplomatiques et consulaires dans les diverses républiques espagnoles. La Belgique n'étant pas en position d'entretenir des agents diplomatiques dans toutes les républiques, il est indispensable cependant, tant pour conserver les relations existantes que pour en créer de nouvelles, qu'elle maintienne au moins un agent diplomatique, résidant à Lima, pour les États de la côte occidentale, le Chili, la Bolivie, le Pérou, l'Équateur et la Californie, ainsi que je l'ai déjà indiqué, et un autre, résidant à Caracas ou à Mexico, pour les états de Venezuela, de la Nouvelle-Grenade, de l'Amérique centrale et du Mexique, dont les principales affaires se font par les ports situés dans l'Atlantique. Ceux qui, par un séjour de plusieurs années en Amérique, ont pu étudier les institutions, les mœurs, les besoins et les richesses des diverses républiques, ainsi que l'avenir qui leur est réservé, comprendront facilement l'urgente nécessité pour la Belgique d'y être dignement et convenablement représentée sans aucun retard. La gestion d'une légation dans l'Amérique du sud étant bien plus difficile et plus laborieuse que dans d'autres pays, et le titulaire d'un poste dans cette partie du monde assumant sur lui une plus grande responsabilité qu'en Europe, il faudrait nécessairement choisir pour des fonctions aussi importantes des hommes expérimentés, zélés, actifs, intelligents et conciliants. Aux conditions qui précèdent, et seulement en les observant, nous aurons la certitude de voir nos relations avec l'Amérique prendre un immense et rapide développement.

TABLE DES MATIÈRES.

FIN DE LA TABLE.

ERRATA.

Page 15. N° d'ordre 253. Cuillers, pour table. — Lisez, dans la colonne
des observations : 9 pouces anglais de longueur, au lieu de :
7 pouces anglais.

Page 35. N° d'ordre 652. Seaux de bois. — Lisez, dans la colonne des
observations : Anse en fer, au lieu de : Lance en fer.

Page 40. N° d'ordre 759. Tulde. — Lisez : Tulle.

Page 89. N° d'ordre 385 *bis*. Grils en fer. — Lisez : N° d'ordre 386.